DIY
POUR VOTRE CHAT

DIY POUR VOTRE CHAT

15 PROJETS SIMPLES ET TENDANCES POUR LUI FAIRE PLAISIR

- Astrid Eudeline -

Photographies : Lydie Bonhomme

Stylisme : Astrid Eudeline

hachette
LOISIRS

SOMMAIRE

INTRODUCTION

i vous aimez les chats et que vous avez envie de vous amuser en leur fabriquant vous-même des accessoires, ce livre est fait pour vous !

Il y a un an (presque tout pile), mon premier livre sur le tissu thermocollant sortait ... C'est avec ce même mélange de fébrilité et de bonheur que je vous présente ce second ouvrage. Quel plaisir de retrouver les touches de mon ordinateur pour vous écrire ces quelques lignes et, peut-être, retrouver certains ou certaines d'entre vous :)

Pour ce second opus, j'ai eu la chance de pouvoir collaborer avec ma Lylouchat (@Lyloutte). Lydie, c'est une amoureuse de la photo, une autodidacte avec un talent fou et une sensibilité à fleur de peau. En plus d'être une merveilleuse photographe, c'est un soleil dans ma vie, et je suis ravie d'avoir pu travailler en duo avec elle sur ce projet.

L'idée de ce livre m'est venue après avoir proposé un tuto de maison pour chat en carton sur mon blog www.sp4nk.com.
Quand j'ai vu l'engouement pour ce DIY, je me suis rendu compte que je n'étais pas la seule zinzin des petits mignons, et j'ai eu envie d'aller plus loin.

J'ai donc imaginé les différentes créations de ce livre avec 3 objectifs simples :

- Amuser mon chat.
- Proposer des objets déco qui se fondraient parfaitement dans mon intérieur.
- Ne pas dépenser une fortune.

Ce livre propose des tutos de tous les niveaux, mais si vous êtes déjà un (ou une) vrai(e) bricoleur(se), vous n'aurez aucune difficulté à réaliser l'intégralité des créations présentées ici.
Mais sachez que le DIY, c'est un peu comme le sport (en moins fatigant !) : certains sont bons dès le départ mais il faut tout de même de l'entraînement pour tenir sur la durée.
Ici, c'est pareil : n'abandonnez pas avant d'avoir commencé en vous disant que vous n'en êtes pas capable ou alors que vous êtes trop paresseux(se). Vous verrez, avec un peu de patience et de persévérance, vous serez capable de tout !

Transposez vos idées : il n'y a pas plus satisfaisant que d'imaginer quelque chose et d'essayer de le réaliser. Vous savez, quand vous avez quelque chose en tête, vous bidouillez, et puis soudain ce quelque chose existe !
Si vous ne connaissez pas encore cette sensation, je vous conseille d'essayer, c'est vraiment très gratifiant :)

Lancez-vous, et j'espère que vous éprouverez un réel plaisir à suivre les pas à pas, à réaliser les DIY qui y sont proposés, et que vos petits chats seront comblés.

Et surtout, n'hésitez pas à partager vos créations avec le hashtag #sp4nkdiy pour que je puisse découvrir vos belles réalisations.

Vous pouvez me retrouver par ici :
Mon blog : www.sp4nk.com
Mon e-shop : www. littleanana.com
Mon Instragram : @sp4nkblog

Astrid

LE MATÉRIEL DE BASE

Pour réaliser les DIY de cet ouvrage, vous aurez besoin de plusieurs types de matériel. Ayez à portée de main ces indispensables que sont le crayon à papier, la paire de ciseaux, le cutter (ou X-Acto), la règle et le pistolet à colle.

Pour les réalisations les plus complexes – qui nécessitent de gros outils comme une scie, une perceuse et des matériaux comme le bois ou des pots en plastique –, j'ai trouvé tout ce dont j'avais besoin chez Leroy Merlin®.

Pour les réalisations nécessitant du matériel de loisirs créatifs – du type feuilles de papier, matériel de couture, peinture, pinceaux, pâte auto-durcissante, etc. –, j'ai fait mes courses sur le site www.creavea.com.

N'hésitez pas aussi à privilégier la récup' : transformez, par exemple, un rouleau en carton de papier essuie-tout en outil pour aplatir la pâte auto-durcissante ou utilisez d'anciens cartons de déménagement pour créer la maison litière (voir p. 22).

Par ailleurs, pour chacun des DIY, notamment ceux qui nécessitent du bois, pensez à conserver les chutes : elles pourront vous être utiles pour d'autres tutos.

Creavea

Pour tout le matériel de loisirs créatifs, rendez-vous sur le site creavea.com.

- Le collier
- Le lit
- La boîte de croquettes
- La gamelle
- La maison cactus
- La pochette
- Le coussin
- Le griffoir
- Le jouet à secouer
- Le jouet en feutrine
- Le tapis
- Le tipi
- La litière

Leroy Merlin®

Pour tous les gros outils et tout le matériel de bricoleurs en herbe, rendez-vous chez Leroy Merlin®.

- Le lit
- La boîte de croquettes
- La cabane
- La maison cactus
- Le griffoir
- Le jardin d'intérieur
- Le jouet à secouer
- Le tapis
- Le tipi

· 1 ·
LA GAMELLE

DIFFICULTÉ :
TEMPS DE RÉALISATION :
COÛT :

1. Munissez-vous de la pâte auto-durcissante blanche et malaxez-la quelques minutes pour la réchauffer et la rendre plus souple. Aplatissez-la avec le rouleau jusqu'à l'obtention d'un disque d'une épaisseur de 0,5 cm environ.

2. Servez-vous du bol pour mouler la gamelle, puis découpez l'excédent de pâte à l'aide du cutter (ou de l'X-Acto).

3. Malaxez la boule de pâte grise quelques minutes, puis étalez-la sur une épaisseur de 0,5 cm. À l'aide du cutter (ou de l'X-Acto), découpez 2 petits triangles et cœur. Pour le cœur, vous pouvez vous aider du patron (voir p. 76). Une fois les éléments décoratifs découpés, vous pouvez passer les aplatir légèrement au rouleau pour obtenir une surface plus lisse.

4. Munissez-vous du bol et, à l'aide du cutter (ou de l'X-Acto), dessinez les moustaches. Collez ensuite le cœur et les oreilles en les humidifiant légèrement si nécessaire. Pour le raccord au niveau des oreilles, n'hésitez pas à ajouter de la pâte grise à l'intérieur du bol pour bien les fixer. Après 1 h de séchage, retirez délicatement le bol en plastique avant que la pâte ne soit totalement sèche : aidez-vous du cutter (ou de l'X-Acto)pour élargir légèrement la gamelle et la faire glisser plus facilement. Laissez sécher.

On ne peut imaginer un chat
sans sa petite gamelle.
Dans le commerce, elles sont souvent
en plastique ou en métal. J'ai toujours
adoré la céramique, j'avais donc envie
d'utiliser cette matière pour créer
cette gamelle aux teintes
toutes douces.

Conseil

Pour imperméabiliser la gamelle, vous pouvez la vernir.

DIFFICULTÉ :

TEMPS DE RÉALISATION :

COÛT :

• 2 •
LA BOÎTE À CROQUETTES

+ Lime
+ 1 sac plastique

1. Découpez la chute de bois pour obtenir un petit carré correspondant aux dimensions des bords extérieurs de la cheminée de la maison en bois.

2. Découpez les 4 tranches d'une des faces du carré afin d'en créer un second aux dimensions des bords intérieurs de la cheminée. Peaufinez votre découpe à l'aide de la lime. Conservez 0,5 cm d'épaisseur sur le grand carré.

3. Bombez le bas de la boîte en protégeant le reste de celle-ci. Pour ce faire, mettez le haut de la boîte dans le sac plastique et fixez-le à l'aide du masking tape.

4. Laissez sécher, puis enlevez le masking tape et le sac plastique.

Rangez les croquettes de votre chat
dans une jolie boîte maison.

Conseil

Il est impératif de respecter les dimensions afin que le couvercle puisse s'emboîter correctement.

• 3 •
LE COLLIER

DIFFICULTÉ :
TEMPS DE RÉALISATION :
COÛT :

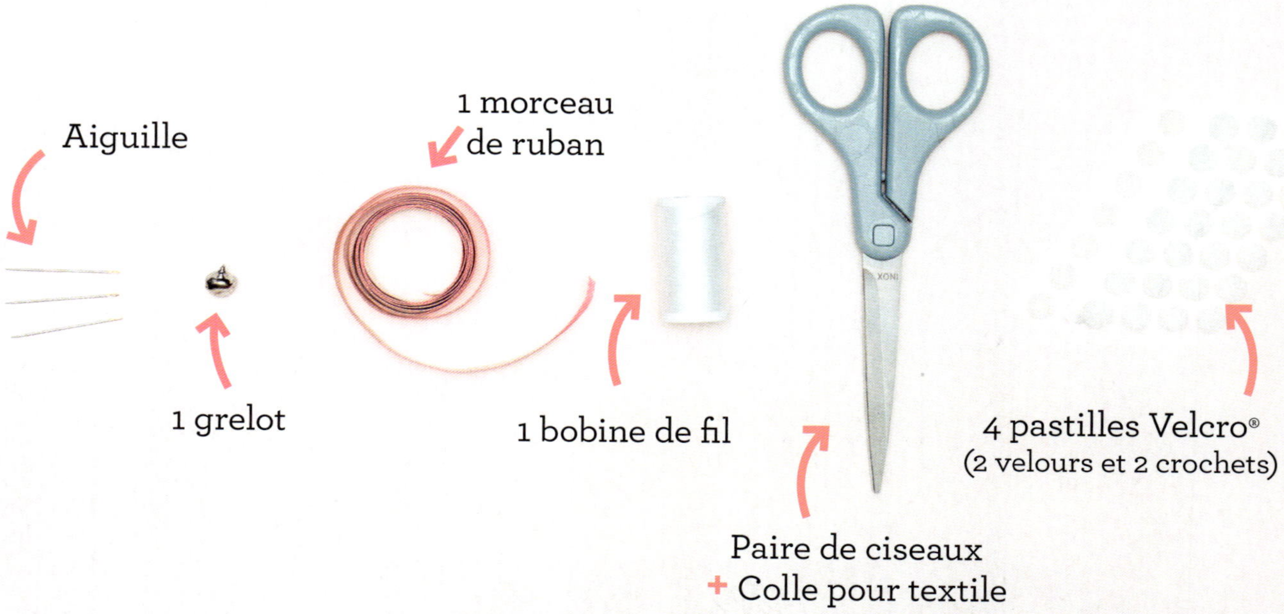

1. Munissez-vous du ruban et coupez la longueur nécessaire en fonction de la taille du cou de votre chat. Prévoyez quelques centimètres supplémentaires.

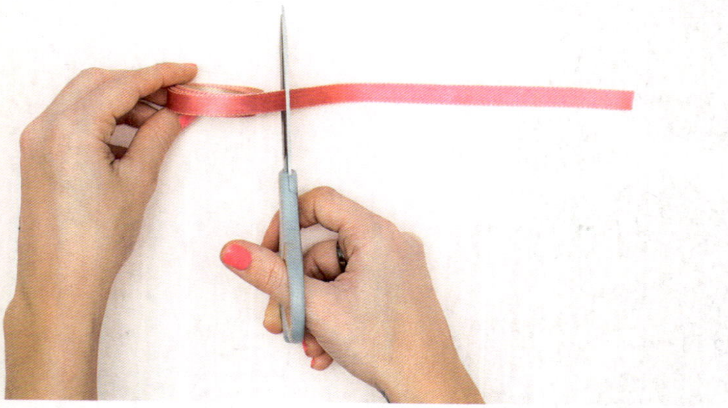

2. Collez les pastilles de Velcro®, à l'aide de la colle pour textile, aux extrémités du ruban. Veillez à coller les 2 velours sur l'endroit du ruban et les 2 crochets sur l'envers (ou l'inverse, si vous préférez).

3. Laissez sécher selon le temps indiqué sur l'emballage, puis munissez-vous de l'aiguille, du fil et du grelot.

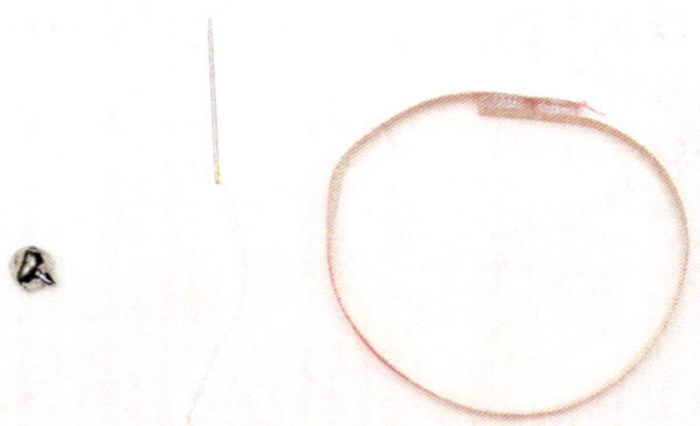

4. Faites un double nœud au bout du fil, piquez sur l'envers du ruban, passez le grelot une fois que l'aiguille est sur l'endroit, puis repassez sur l'envers. Répétez l'opération plusieurs fois afin de bien fixer le grelot. Arrêtez le point sur l'envers en faisant un double nœud.

Réalisez vous-même le collier
de votre chat en quelques minutes
seulement.

• 4 •

LA LITIÈRE

DIFFICULTÉ :

TEMPS DE RÉALISATION :

COÛT :

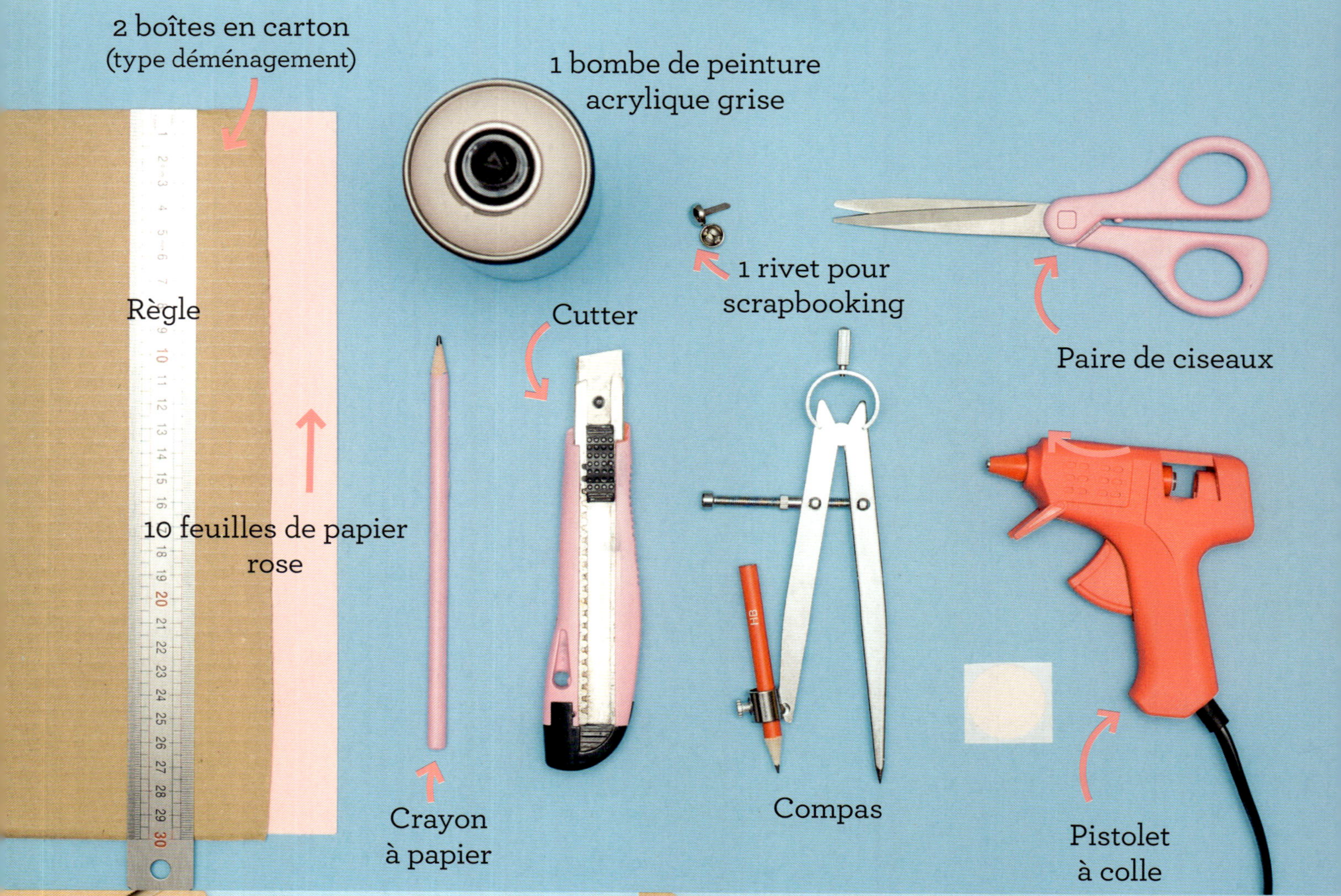

1. Posez les cartons à plat et tracez les différents repères afin de créer la structure de la maison (voir p. 71).

2. Découpez horizontalement les 2 pans de carton sur la partie haute et en triangle les 2 autres pans toujours sur la partie haute. N'oubliez pas de découper la porte et les fenêtres.

3. Peignez la structure en carton. Il n'est pas nécessaire de peindre les 4 pans sur la partie basse. Une fois la peinture appliquée de manière homogène, laissez sécher selon les indications figurant sur l'emballage.

4. Passez au découpage du toit (voir p. 72 ou mesurez la longueur totale du triangle et ajoutez-y quelques centimètres afin de faire dépasser votre toit). Mesurez la longueur entre le premier triangle et le second, et même chose, ajoutez quelques centimètres. Découpez ensuite le toit, puis pliez-le en deux. Laissez ainsi quelques minutes afin de marquer le pli.

5. Créez les rabats dans un morceau de carton et fixez-les à l'aide du pistolet à colle. Ces rabats permettront de fixer le toit à la maison.

6. Découpez 100 tuiles dans les feuilles de papier rose à l'aide de la règle et du compas. Les tuiles mesurent environ 7,5 cm de longueur (voir p. 73).

7. Collez les tuiles. Commencez par fixer la première colonne à l'aide du pistolet à colle en faisant se chevaucher les tuiles. Passez ensuite à la première ligne afin d'être sûr de bien respecter les dimensions du toit.

8. Une fois les tuiles fixées, placez le toit au-dessus de la structure de la maison et collez les rabats correspondants au niveau des triangles à l'intérieur de la maison. Percez un trou dans la porte d'entrée pour y glisser le rivet en guise de poignée.

Quand on n'a pas la chance d'avoir un jardin, il n'est pas toujours facile de trouver une jolie litière qui se fond dans la décoration. Pour ce DIY, j'avais envie de quelque chose de mignon tout en m'inspirant des maisons basques qui m'entourent à Biarritz.

• 5 •
LE JOUET À SECOUER

DIFFICULTÉ :
TEMPS DE RÉALISATION :
COÛT :

1. Percez un trou en haut du tourillon, puis faites un nœud au bout de la ficelle, passez la perle, puis glissez la ficelle dans le trou.

2. Décorez le tourillon avec le masking tape.

3. Réalisez un pompon avec la laine à l'aide de l'appareil à pompon, puis glissez la plume à l'intérieur et fixez-le avec un point de colle pour textile.

4. Fixez le pompon à la ficelle à l'aide de la colle pour textile. Laissez sécher.

Un jouet arc-en-ciel fait avec amour
pour faire sauter votre chat
dans tous les sens.

DIFFICULTÉ :

TEMPS DE RÉALISATION :

COÛT :

· 6 ·
LE JOUET EN FEUTRINE

1 feuille A4 de feutrine noire +
1 feuille A4 de feutrine blanche +
1 feuille A4 de feutrine rose +
1 feuille de papier ordinaire

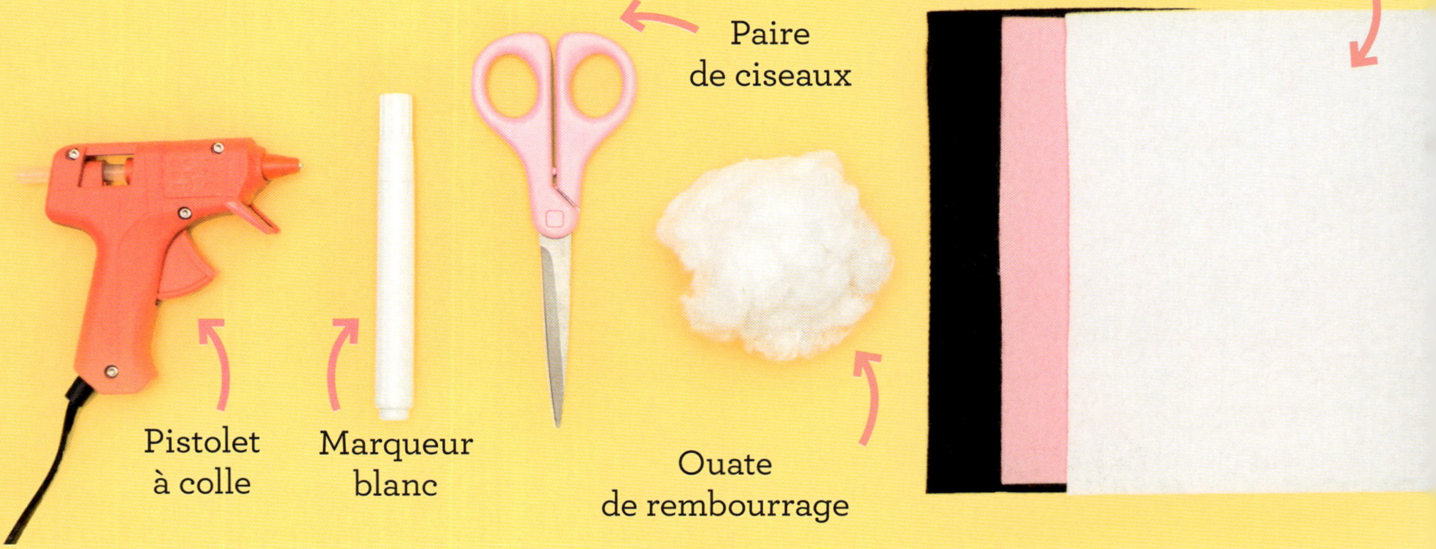

1. Reportez le gabarit de la page 74 sur le papier. Dessinez les contours de 2 têtes de chat sur la feutrine noire, de 2 oreilles sur la feutrine blanche et de la truffe sur la feutrine rose, puis découpez.

2. Collez les oreilles et la truffe aux endroits indiqués.

3. Collez les têtes de chat envers contre envers à l'aide du pistolet à colle. Appliquez la colle sur les contours en veillant à laisser un espace ouvert afin de pouvoir rembourrer le jouet.

4. Remplissez le jouet avec la ouate de rembourrage, puis fermez l'ouverture à l'aide du pistolet à colle.

Utilisez la même technique
pour réaliser un cœur
ou un ananas (voir p. 75-76)

Z
Z

• 7 •
LE COUSSIN

DIFFICULTÉ : 🐾
TEMPS DE RÉALISATION : 🐾🐾
COÛT : 🐾🐾

+ Fer à repasser
+ Épingles

1. Reportez le gabarit de la page 77 sur la feuille de papier, puis découpez-le.

2. Fixez le patron sur le tissu à l'aide d'épingles, puis découpez deux têtes de chat (si vous souhaitez changer les dimensions prévoyez une marge de 2 cm).

3. Collez les têtes de chat envers contre envers à l'aide du pistolet à colle. Appliquez la colle sur les contours en veillant à laisser une ouveture afin de pouvoir rembourrer le coussin.

4. Remplissez le coussin avec la ouate de rembourrage, puis formez l'ouverture à l'aide du pistolet à colle. Peaufinez ensuite le coussin : s'il y a des fils qui dépassent, coupez quelques millimètres du contour à l'aide de la paire de ciseaux.

5. Imprimez les gabarits de la page 78 sur la feuille de papier transfert, puis reportez-les sur les feuilles de tissu thermocollant.

6. Faites chauffer le fer à repasser en position coton (sans utiliser la fonction vapeur). Déposez un tissu entre chaque élément décoratif et le fer à repasser, puis repassez. Maintenez le fer pendant 30 secondes, puis répétez l'opération pour les autres éléments. Repassez à nouveau si nécessaire.

J'adore les coussins et j'ai remarqué que mon chat aussi. Voici comment réaliser un coussin mignon sans couture. Une fois que vous maîtrisez la technique, vous pourrez réaliser toutes les formes possibles.

Conseil

Si vous n'avez pas de feuille de transfert à disposition, vous pouvez utiliser du papier-calque.

• 8 •
LE LIT

DIFFICULTÉ : 🐾
TEMPS DE RÉALISATION : 🐾🐾🐾
COÛT : 🐾🐾

1. Découpez un rectangle de 30 × 15 cm dans le tissu en veillant à laisser une marge de 2 cm.

2. Pour former le coussin, pliez le rectangle en deux, envers contre envers, puis collez le tissu avec le pistolet à colle. Appliquez la colle sur les contours en veillant à laisser une ouverture afin de pouvoir rembourrer le coussin.

3. Remplissez le coussin avec la ouate de rembourrage, puis fermez l'ouverture à l'aide du pistolet à colle. Peaufinez le coussin : s'il y a des fils qui dépassent, coupez tout autour à l'aide de la paire de ciseaux.

4. Placez le coussin dans la suspension.

5. Percez 2 trous à l'emplacement désiré pour installer le lit, puis insérez les chevilles. J'ai choisi de le mettre au-dessus de ma table de nuit à côté du lit pour que mon chat puisse monter tout seul.

6. Placez la suspension, puis vissez en prenant soin de placer les œillets au-dessus de la barre horizontale de la suspension afin que celle-ci soit bien fixée et ne bouge pas quand votre chat sautera dedans. Créez un élément décoratif en carton ou en papier si vous souhaitez cacher le culot.

L'idée de ce lit m'est venue très naturellement en regardant chaque soir mon petit roux se coucher à la même heure que moi sur le lit. Il aime être à côté de moi mais jamais sur moi, je me suis donc dit que cela serait plus sympa de l'avoir au-dessus de moi plutôt qu'à mes pieds. Ce lit a tout de suite été adopté et j'adore me réveiller en voyant sa petite patte dépasser.

• 9 •
LE GRIFFOIR

DIFFICULTÉ :

TEMPS DE RÉALISATION :

COÛT :

Découpez le gabarit du cactus dans la planche de bois (voir p. 79), puis percez 2 trous en haut de celui-ci. Poncez légèrement les bords afin de les arrondir.

2. Choisissez le verso de votre cactus et placez cette face devant vous. Posez l'extrémité de la corde, puis agrafez-la pour la maintenir.

3. Enroulez la corde autour du cactus tout en collant celle-ci au fur et à mesure à l'aide du pistolet à colle. Pour finir, agrafez l'extrémité de la corde au verso du cactus.

4. Coupez un morceau de fil de juste, faites un double nœud au bout de celui-ci, puis enfilez une perle. Glissez le fil dans le trou, puis repassez le fil dans le second trou. Passez la seconde perle, puis faites un double nœud.

À suspendre ou à poser, ce griffoir en forme de cactus se fondra parfaitement dans un intérieur bohème. Mais vous pouvez adapter la forme de votre griffoir en fonction de vos envies.

· 10 ·
LA CABANE EN BOIS

DIFFICULTÉ :
TEMPS DE RÉALISATION :
COÛT :

1. Dessinez un rectangle de 60 × 40 cm sur la planche de sapin, puis coupez-le à l'aide d'une scie (ce sera le plancher de la cabane).

2. Coupez 4 tasseaux de 50 cm, 3 tasseaux de 60 cm, 2 tasseaux de 32,4 cm, 4 tasseaux de 36,2 cm que vous biseauterez ensuite d'un côté à un angle de 45 °.

3. Pour fabriquer la structure verticale, créez d'abord la base rectangulaire de la toiture en fixant 2 tasseaux de 32,4 cm à 2 tasseaux de 60 cm à l'aide de colle à bois, puis de clous.

4. Fixez les 4 tasseaux de 50 cm perpendiculairement à la base rectangulaire que vous venez de créer, en vous assurant que chaque tasseau soit bien bord à bord au moment du collage et de l'enfoncement des clous. Pour obtenir une structure encore plus solide, optez pour des vis à la place des clous, mais veillez à ne pas visser trop fort pour éviter d'éclater le bois.

5. Une fois secs, fixez les 4 tasseaux de la structure verticale aux coins de base rectangulaire, le plancher de la cabane.

6. Pour fabriquer le toit, fixez le côté biseauté des 4 tasseaux de 36,2 cm aux coins de la base rectangulaire de la toiture de manière à former les angles du toit. Pour finir, fixez le dernier tasseau de 60 cm au sommet de la toiture.

N'hésitez pas à accessoiriser votre cabane et à adapter les dimensions selon la taille de votre animal.

• 11 •
LE TAPIS

DIFFICULTÉ :
TEMPS DE RÉALISATION :
COÛT :

5 pelotes de laine
(1 rose, 1 bleue et 3 beiges)

1 sous-couche anti-dérapante pour tapis
+
Pistolet à colle
+
Marqueur

Paire de ciseaux

Crayon à papier

Appareil à pompon de 7 cm de diamètre

1. Reportez le gabarit de la p. 80 sur la couche antidérapante.

2. Découpez les contours du dessin.

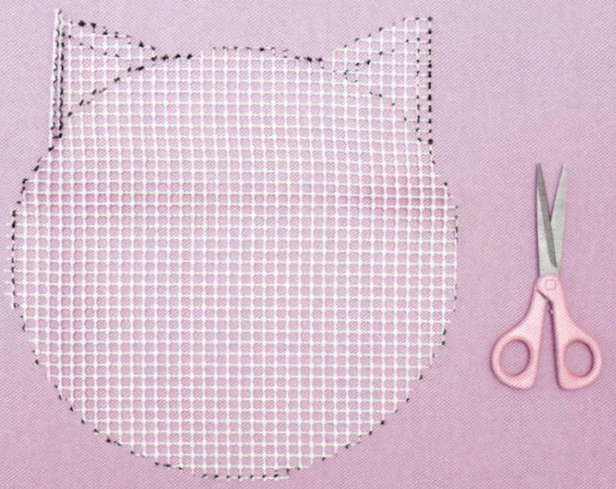

3. Réalisez 2 pompons bleus (pour les yeux), 1 pompon rose (pour la truffe) et 21 pompons beiges à l'aide de l'appareil à pompons.

4. Collez les pompons à l'aide du pistolet à colle sur la sous-couche antidérapante. Coupez les pompons pour peaufiner la forme de la tête de chat.

Créez un tapis douillet à l'effigie
de votre petit mignon.

• 12 •
LA POCHETTE

DIFFICULTÉ :
TEMPS DE RÉALISATION :
COÛT :

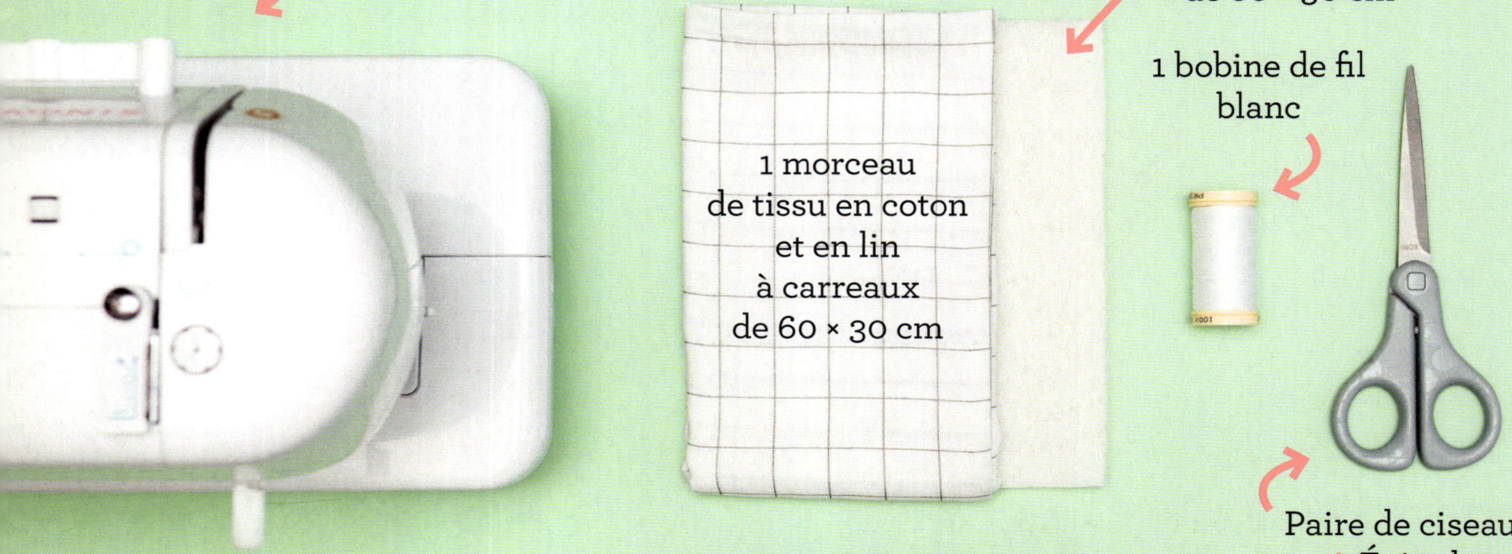

1. Prenez les tissus et découpez un rectangle de 40 × 25 cm dans le tissu en coton, un autre dans la doublure et enfin un dernier dans la mousse de rembourrage.

2. Assemblez, à l'aide des épingles, les 3 rectangles ensemble dans l'ordre suivant : tissu, mousse, puis doublure.

3. Faites une couture sur les 2 côtés les plus courts du rectangle afin de réunir les 3 épaisseurs.

4. Une fois les coutures effectuées, retournez le tout.

5. Pliez en deux (endroit contre endroit de la doublure), puis piquez sur 2 côtés.

6. Crantez les angles et retournez la pochette sur l'endroit.

Ce petit accessoire vous permettra de ranger tous les jouets ou produits d'entretien de votre chat. Pas besoin d'une technique parfaite, la pochette est très facile à réaliser, je suis moi-même une débutante en couture.

Variante

Pour personnaliser votre pochette, créez un imprimé en ajoutant des petites formes en tissu thermocollant.

13
LE TIPI

DIFFICULTÉ :

TEMPS DE RÉALISATION :

COÛT :

1. Ouvrez le tissu sur l'envers et reportez 5 fois le gabarit du triangle de la page 81 à l'aide du mètre ruban et du feutre.

2. Découpez les triangles à l'aide de la paire de ciseaux (voir p. 82).

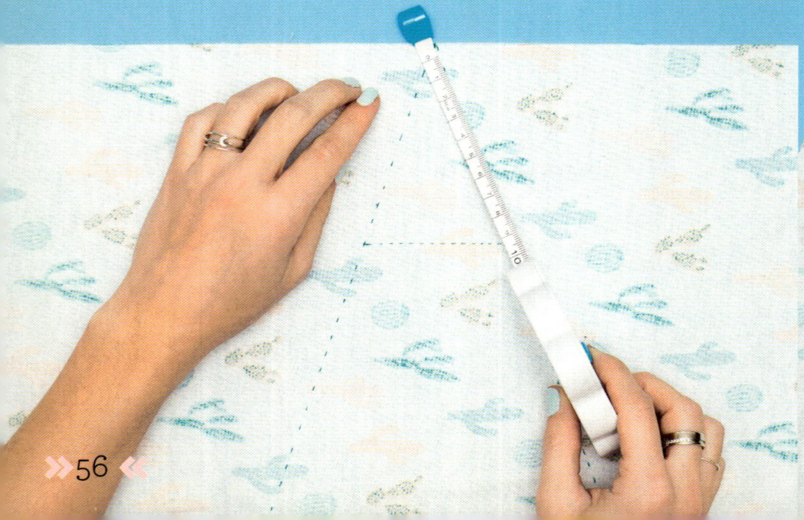

3. À l'aide des épingles, pliez et fixez les pointes sur la partie haute des triangles, à 15 cm du sommet, puis faites une couture.

4. Faites une couture sur chacun des triangles en les plaçant bord à bord sur le repère placé à 4 cm du côté et en les disposant face contre face.

5. Créez ensuite un ourlet de 1 cm environ sur la partie basse des triangles. Placez ensuite un tourillon dans la couture effectuée à l'étape 4 pour vérifier la largeur nécessaire afin d'effectuer une seconde couture et créer ainsi l'espace délimité dans lequel vous pourrez glisser les tourillons. À l'aide d'épingles, créez les repères, retirez le tourillon, puis cousez.

6. Choisissez un des triangles et coupez une ouverture au milieu de celui-ci. Si vous voulez quelque chose de net, faites des ourlets sur chaque côté de l'ouverture (dans ce cas, faites-le avant de coudre les triangles ensemble pour que ce soit plus simple) ou, si vous préférez l'option plus rapide, utilisez du vernis à ongles transparent pour éviter que les fils ne se défassent.

7. Coupez les tourillons afin qu'ils mesurent 85 cm, puis insérez-les dans chaque espace délimité pour former un polygone.

8. Enroulez la ficelle sur la partie haute des tourillons afin de bien maintenir la forme de tipi.

L'incontournable tipi pour chat !

DIFFICULTÉ :

TEMPS DE RÉALISATION :

COÛT :

• 14 • LE JARDIN D'INTÉRIEUR

1. Coupez la tablette de sapin en deux. La longueur dépendra des échelles que vous utiliserez.

2. Dessinez des cercles à l'aide des pots en terre cuite ou d'un compas. Découpez à l'aide d'une scie et peaufinez la découpe à l'aide du papier de verre.

3. Entrecroisez les échelles sur la partie haute, au niveau des premiers barreaux, en choisissant l'espacement au sol. Collez avec de la colle à bois les tablettes aux échelles entrecroisées l'une après l'autre sur des barreaux différents.

4. Décorez les pots en les bombant et en dessinant dessus si vous le souhaitez.

Faites plaisir à votre petit mignon en laissant à sa disposition de l'herbe à chat (très facile à cultiver en l'installant dans une pièce lumineuse). De plus, si votre chat adore jouer avec vos plantes, ce petit jardin spécialement conçu pour lui sera parfait pour le distraire.

· 15 ·
LA MAISON CACTUS

DIFFICULTÉ : 🐾🐾
TEMPS DE RÉALISATION : 🐾🐾🐾
COÛT : 🐾🐾

Scie égoïne (ou saubeux)
Règle
1 feuille abrasive pour plastique (grain 80 ou 120)
Crayon à papier
2 bombes de peinture
1 grand pot de jardin en plastique
Cutter
1 morceau de carton
Compas

+ Perceuse
+ 1 feuille de papier A3 ou 2 feuilles de papier A4
+ Pistolet à colle
+ Pinceau
+ 1 pot de peinture blanche

1. Reportez le gabarit de la page 83 sur la feuille de papier, puis placez la tête du chat sur le pot en plastique et marquez les contours.

2. Percez un trou à l'extrémi d'une oreille avec la perceus puis découpez le plastique du pot en suivant les contours, à l'aide de la scie sauteuse. Une fois que c'est fait, utilisez la feuille abrasive pour enlever les résidus et que les contou de l'ouverture soient lisses.

3. Dessinez, puis découpez les différents éléments en carton (voir page 84). Vous aurez besoin d'un cercle d'un diamètre un peu plus petit que celui du pot (afin de pouvoir glisser dedans les formes de cactus).

4. Peignez les éléments en carton.

5. Découpez l'une des formes du cactus en deux dans le sens de la longueur.

6. Collez chaque morceau de part et d'autre du second cactus afin de créer un cactus en relief.

7. Peignez des motifs sur les éléments en carton. Une fois secs, insérez le cercle dans le pot afin qu'il serve de base.

8. À l'aide du cutter, découpez dans le cercle une croix de la taille du cactus afin de pouvoir le glisser à l'intérieur. Mettez un point de colle et laissez sécher.

Parce nous ne sommes pas les seuls à aimer les plantes, cette maison trompe-l'œil fera plaisir à votre petit mignon tout en recyclant de vieux morceaux de cartons et vos pots en plastique.

LES GABARITS

LA LITIÈRE

(page 22)

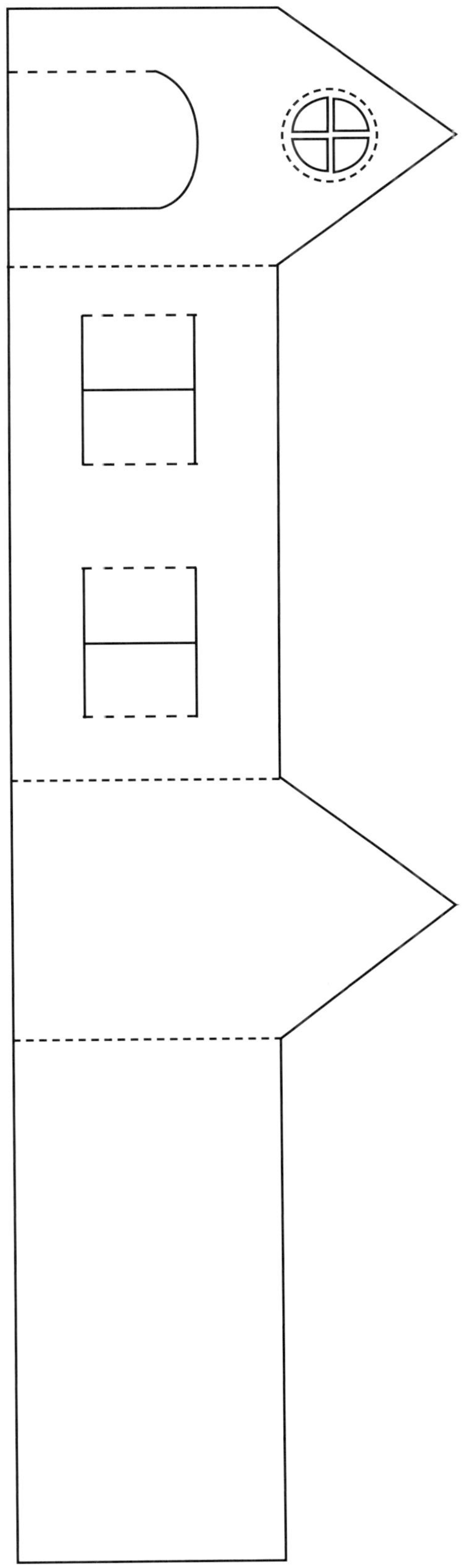

Retrouvez ce plan
en version
imprimable
sur mon blog
www.sp4nk.com

Toit

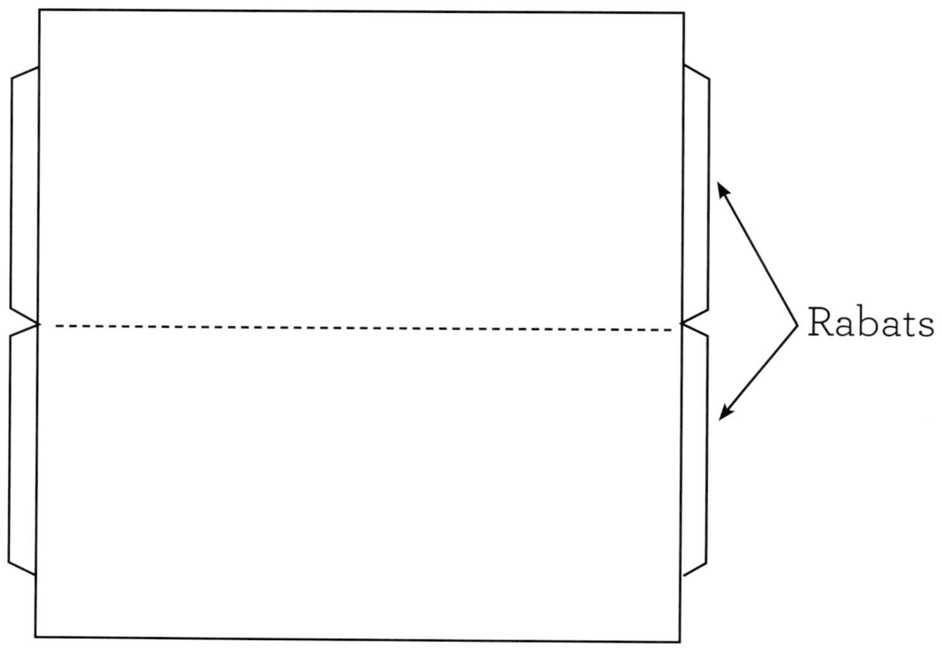

Tuiles

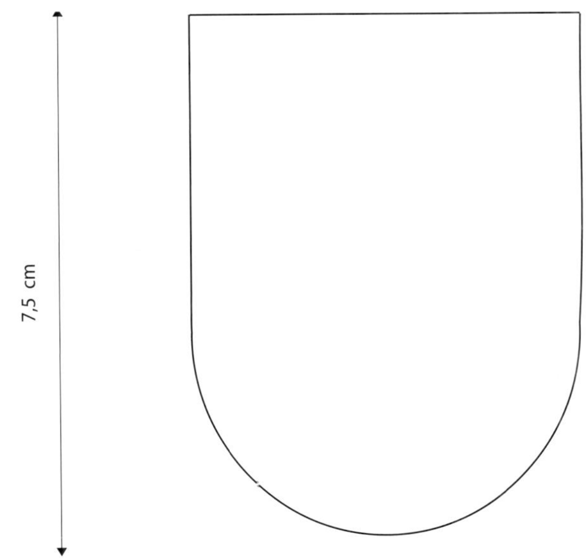

×100 pièces

LE JOUET EN FEUTRINE

(page 28)

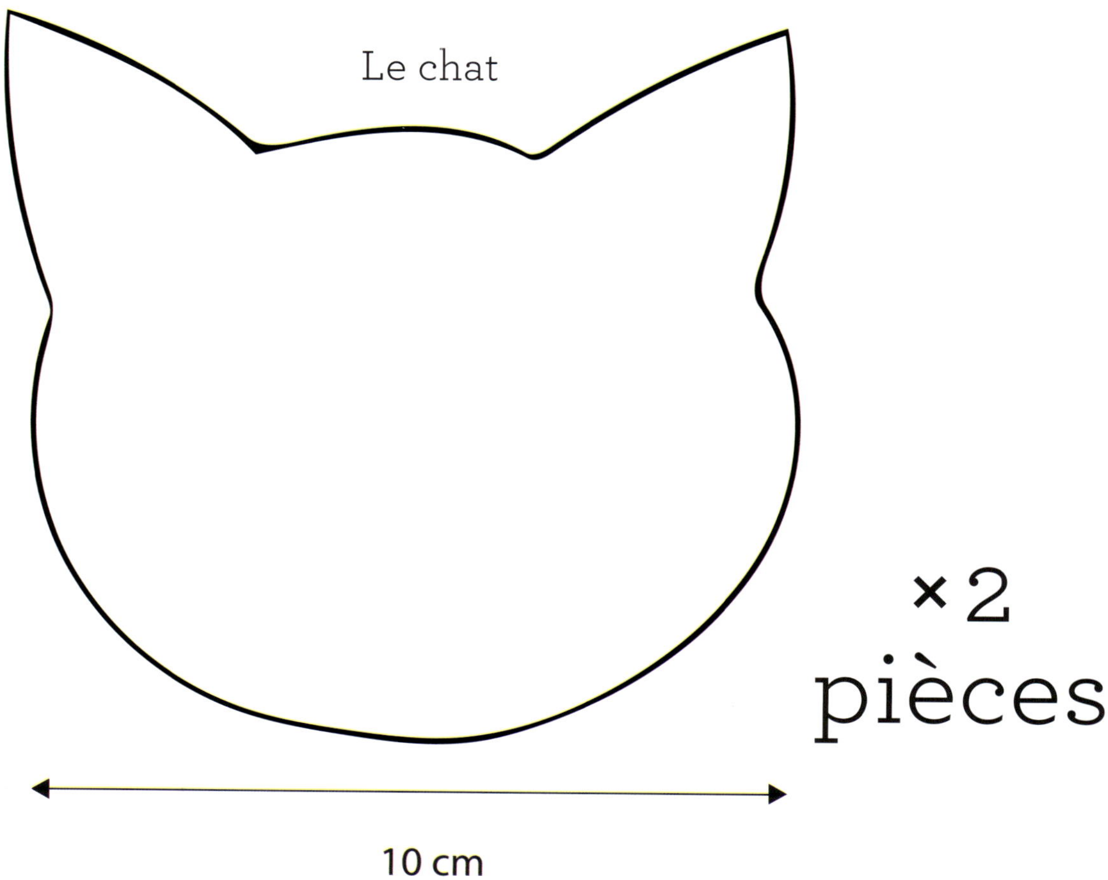

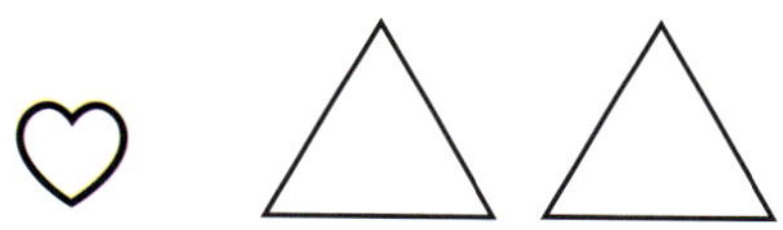

Le cœur

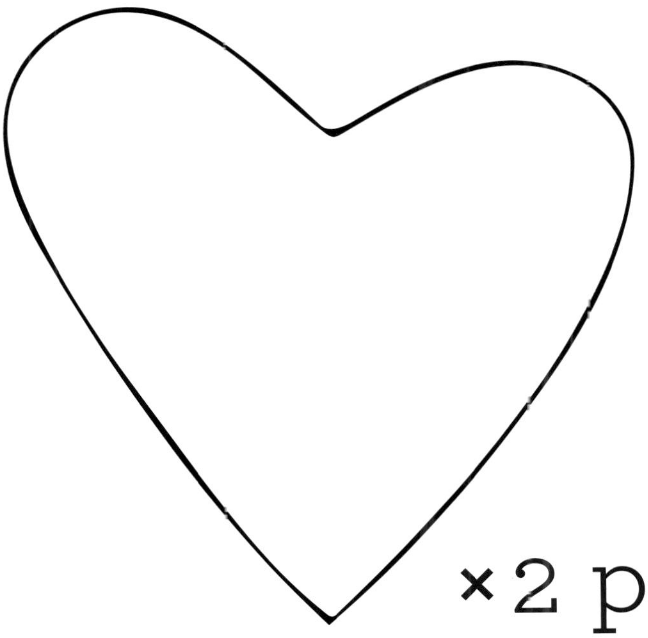

×2 pièces

L'ananas

×2 pièces

LE COUSSIN

(page 32)

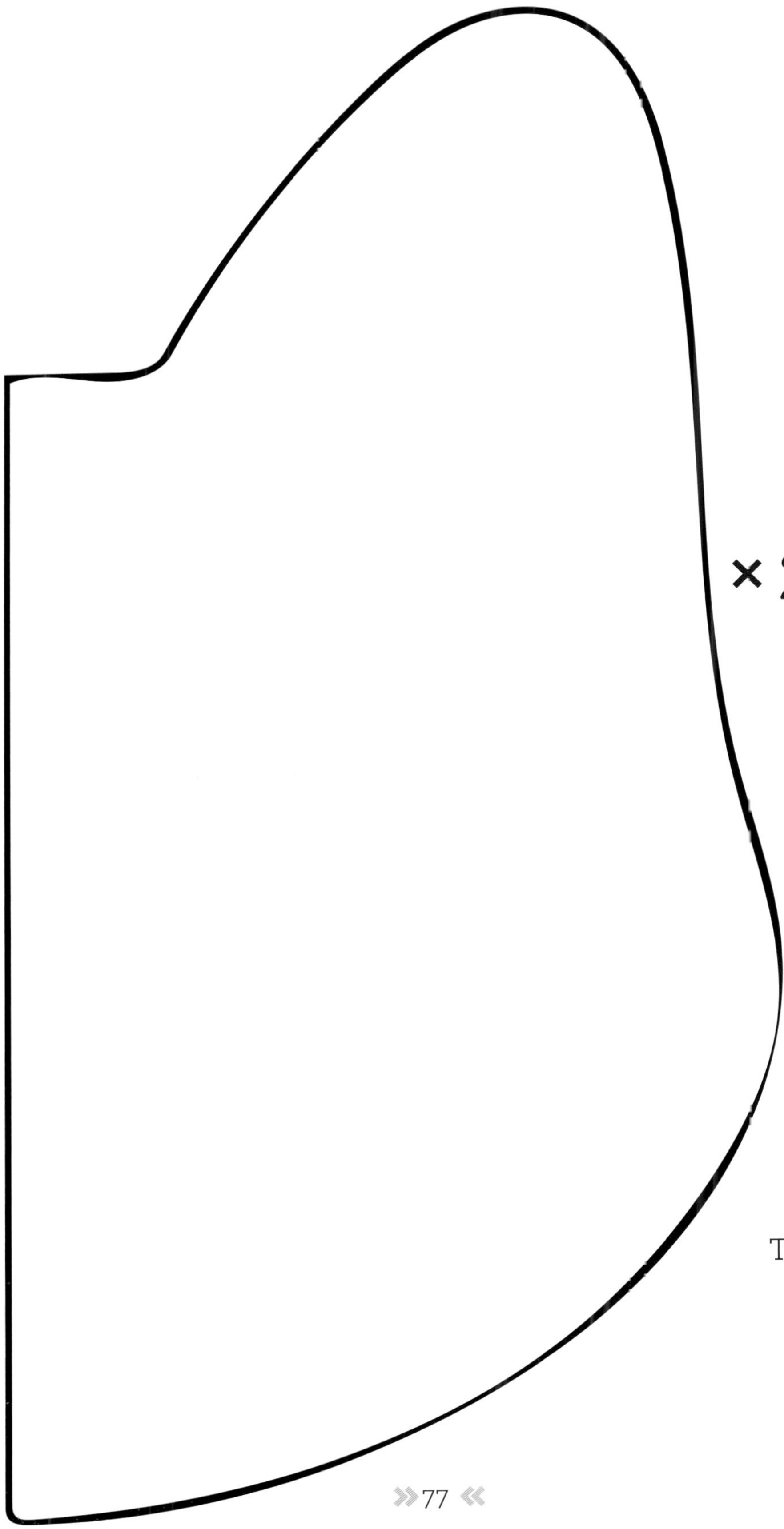

×2 pièces

Taille 100 %

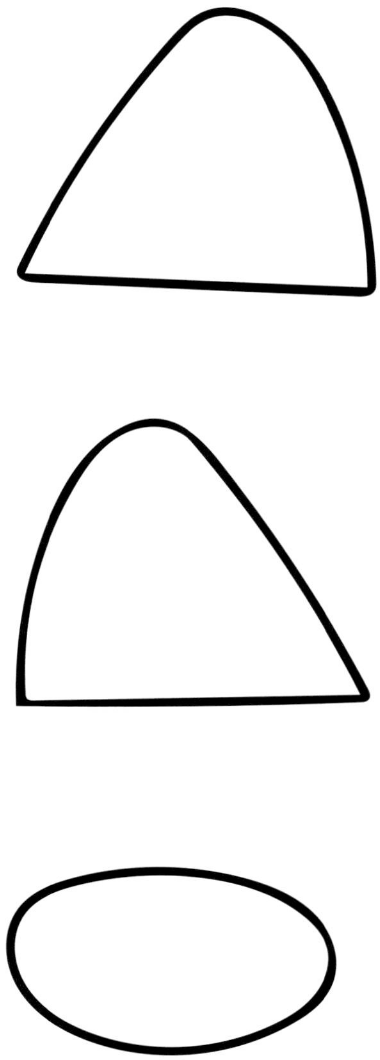

Tissu thermocollant rose

Taille 100 %

LE GRIFFOIR

(page 40)

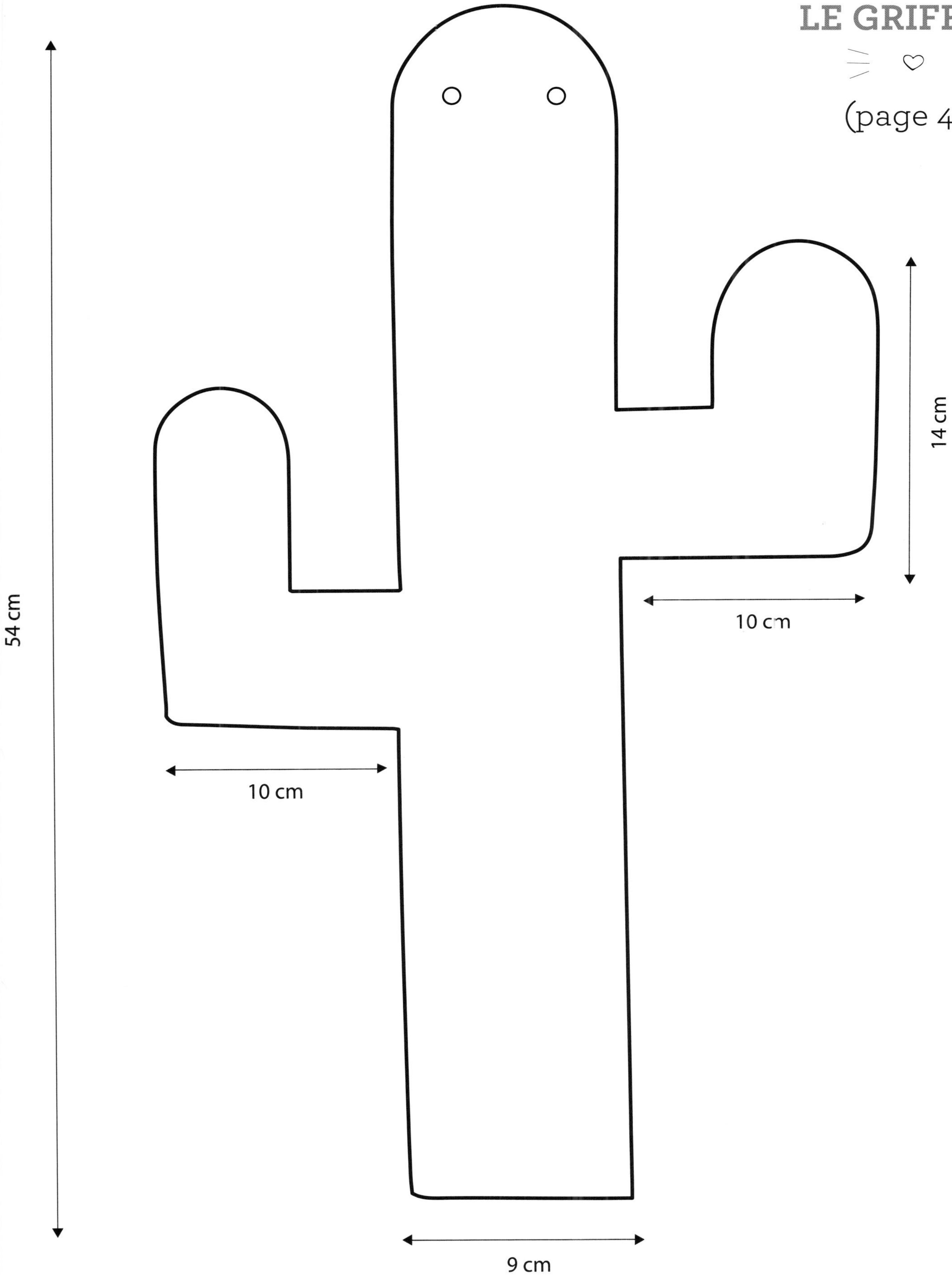

LE TAPIS

(page 48)

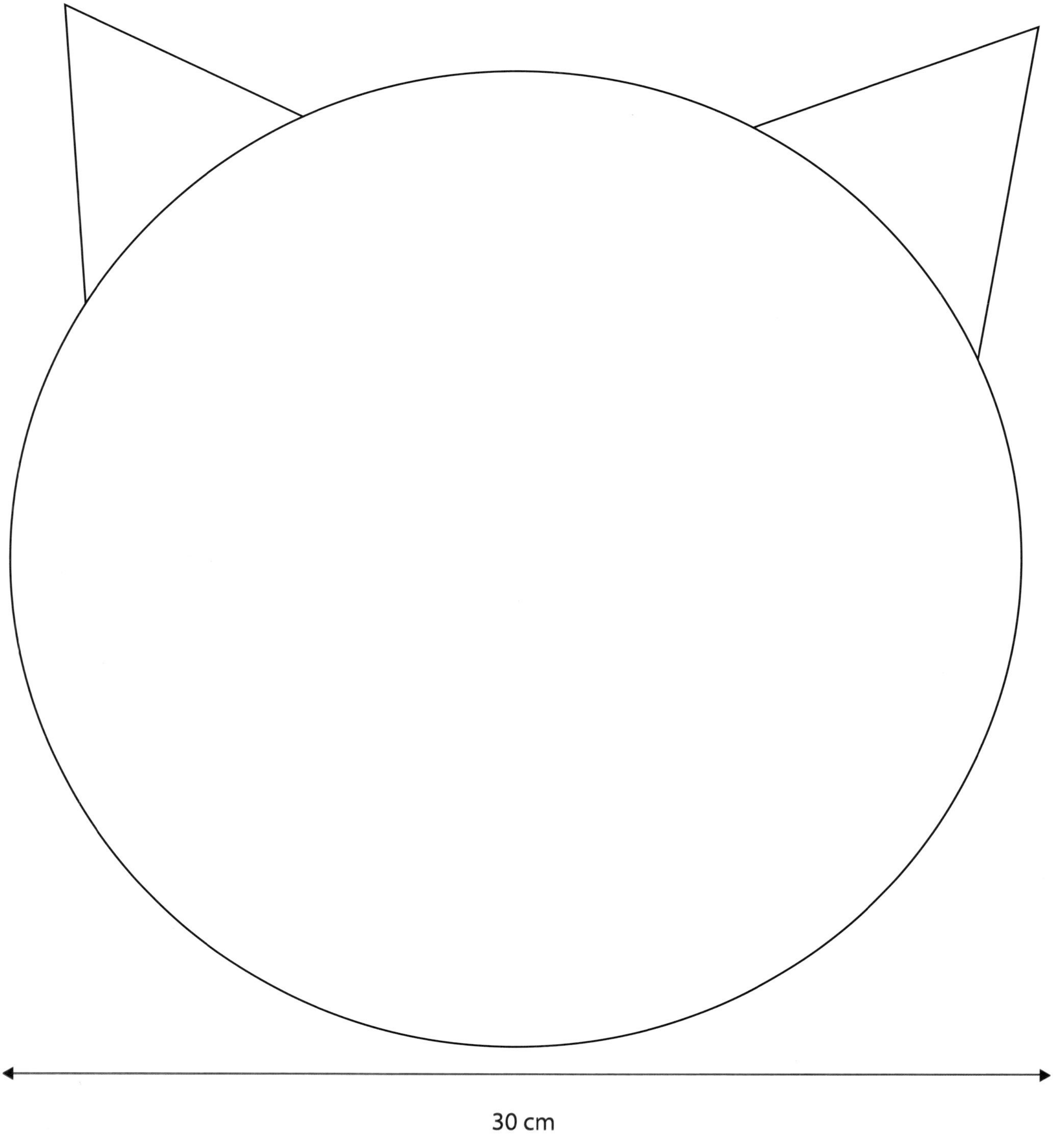

LE TIPI

(page <?>)

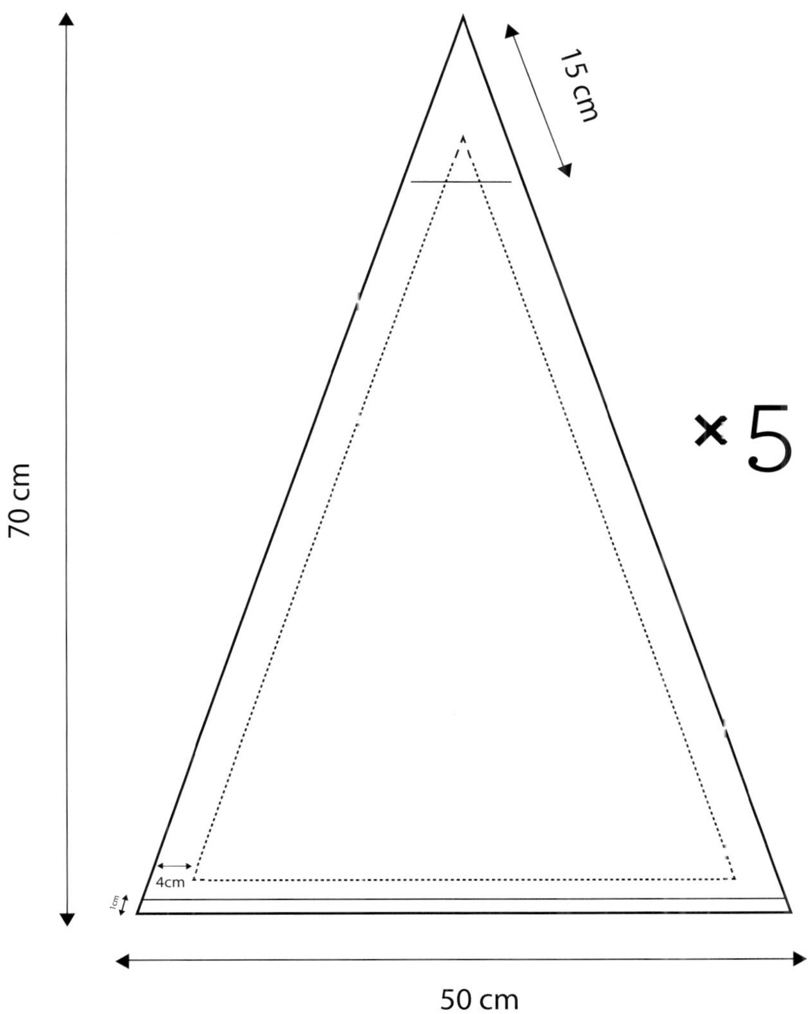

×5 pièces

Plan de découpe

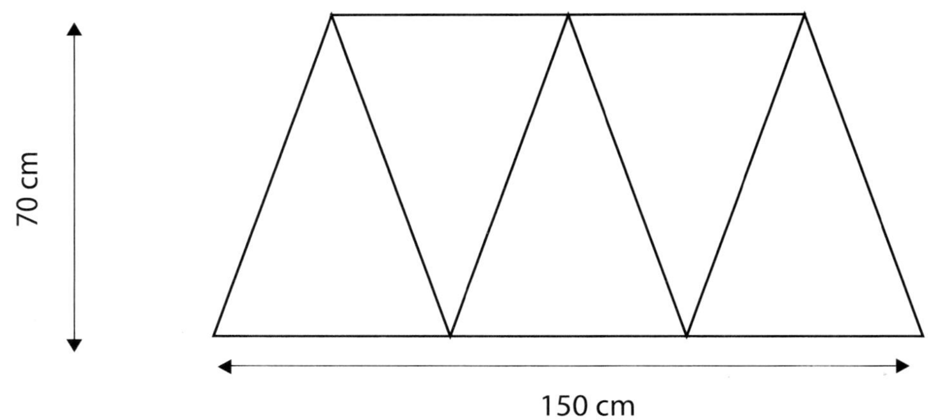

LA MAISON CACTUS

(page <?>)

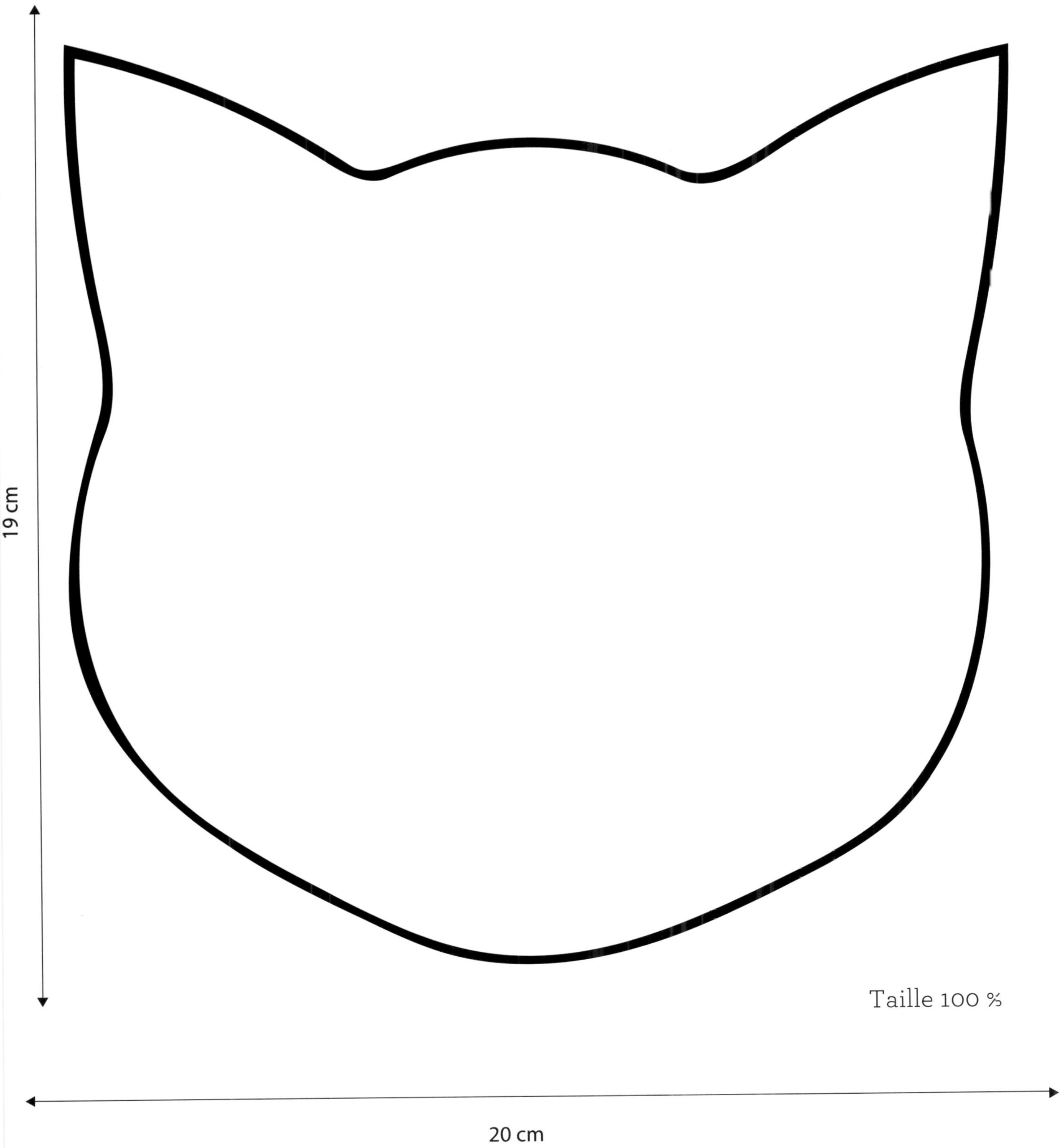

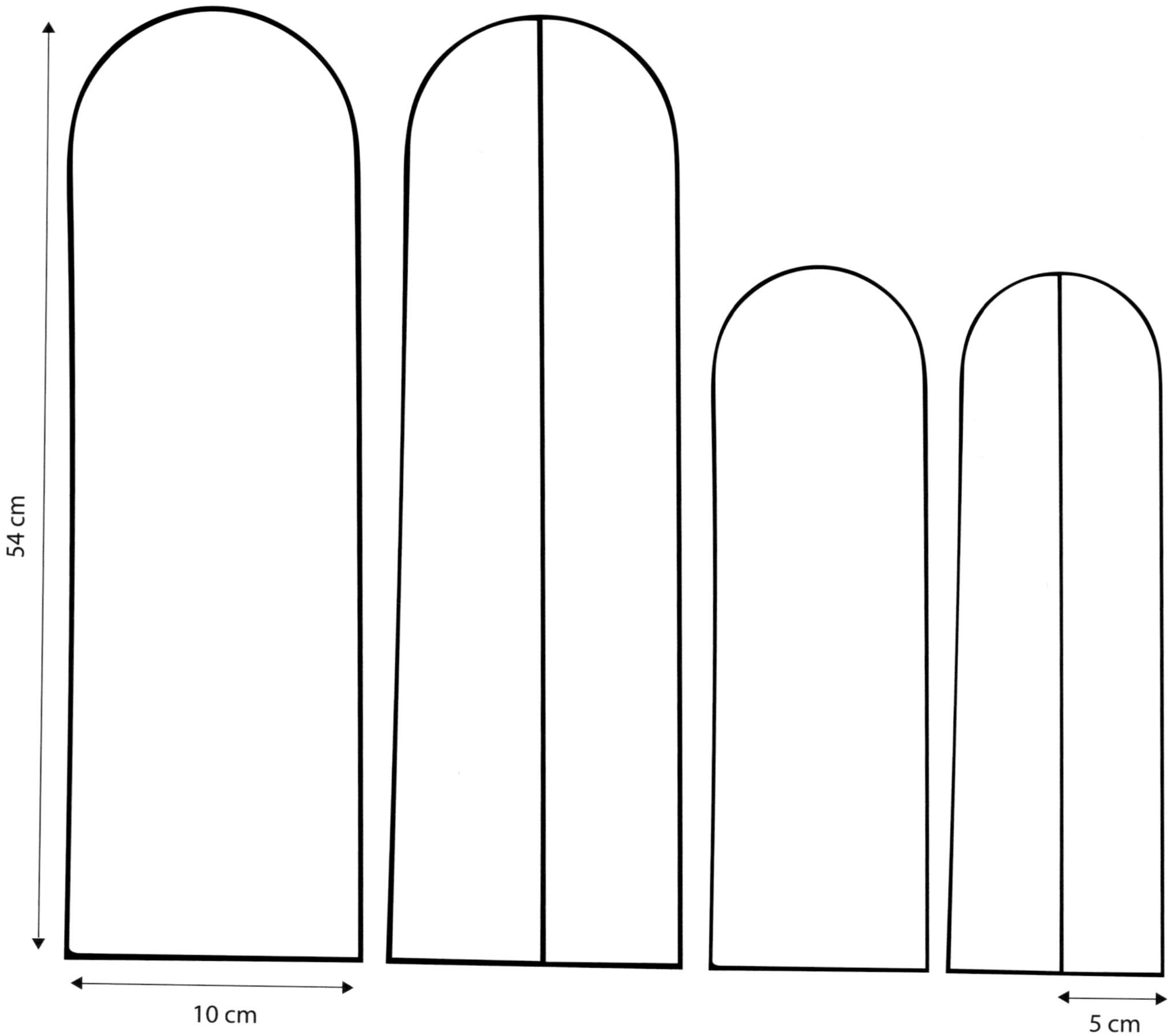
54 cm
10 cm
5 cm

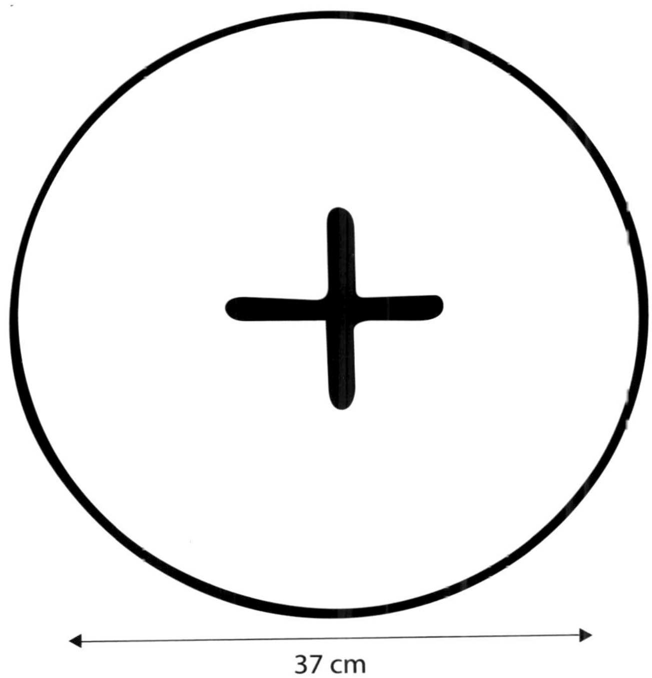
37 cm

LES CONTRIBUTEURS

Ce livre n'aurait pas été ce qu'il est sans la participation des différents chats que vous pouvez retrouver au fil des pages.

Un grand merci aux copains blogueurs pour nous avoir accueillis avec autant de gentillesse et pour avoir accepté de m'ouvrir leur porte.

Laura & Berlioz

Laura est une jolie rêveuse, aux airs de princesse Disney, aimant par-dessus tout raconter des histoires grâce à de belles images. Passionnée de photo, de mode et de set design, son blog est un véritable carnet d'inspiration à l'univers féerique et romantique.

Son petit chat Berlioz (qu'elle partage avec son amoureux) a de l'énergie à revendre et une grande passion pour les boules en papier. Il nous a offert des sauts de compétition et une bouille à croquer !

www.avenuedesreveries.fr

Coralie, Olympe & April

Coralie, c'est une grande rêveuse, fascinée par le pouvoir des mots. Hyperactive et passionnée, sa curiosité n'a pas de limite et elle aime tout ou presque. Sur son blog où se mêlent douceur, positivité et teintes pastel, elle parle de mode, de déco, de voyage et plus encore. Maman de 3 chats, elle nous a accueillis dans son appartement le lendemain de l'arrivée de son petit dernier...

La toute douce Olympe, un petit chaton si mignon qu'on a eu du mal à s'en remettre.

www.ellesenparlent.com

Heju & Lupin

Hélène Pinaud et Julien Schwartzmann sont deux jeunes architectes parisiens débordant de talent et de gentillesse. Sur leur blog, qui mélange influences nordiques et japonaises, ils partagent leurs bonnes adresses, leurs coups de cœur déco et de très beaux DIY.

Ils ont récemment sorti un magnifique livre *Design it Yourself* (Hachette Pratique) qui propose 35 idées pour créer des objets et du mobilier décoratif design et à moindre coût.

Lupin, c'est le petit chat qu'ils ont récemment accueilli dans leur appartement parisien, tellement beau et photogénique qu'on ne savait plus où donner de la tête (le chat et l'appartement, bien sûr).

www.heju.fr

Vanessa, Magnum & Lynn

Vanessa, c'est une jeune maman de deux enfants fascinante. Très créative, elle est à la fois styliste, photographe, illustratrice, artiste peintre, graphiste et blogueuse (la liste est non exhaustive !). Discrète et n'aimant pas trop se mettre en avant, cette grande touche-à-tout partage ce qu'elle aime sur son blog : couture, cuisine, déco, bonnes adresses, et, bien sûr, ses belles photos.

Magnum et Lynn, ce sont ses chats d'amour, Magnum est un british shorthair, Lynn une british longhair. Quand ils nous ont vu débarquer, ils nous ont regardées un peu étonnés avec leurs grands yeux dorés, on aurait dit deux peluches tout droit sorties d'un dessin animé.

www.blog.vanessapouzet.com

REMERCIEMENTS

Un ÉNORME merci à mon ptit bibou pour avoir supporté tout le bazar chez nous pendant des mois, pour ses mots doux même quand j'étais casse-pieds, et pour m'avoir aidée dès que j'en avais besoin.

Un grand merci à Leroy Merlin® et Creavea® qui m'ont fourni la majorité du matériel nécessaire pour créer les DIY de ce livre. Vous pouvez retrouver leurs produits dans tous les magasins physiques Leroy Merlin® ou sur le site e-commerce www.creavea.com.

Un grand merci à ma Lylouchat pour son calme, sa disponibilité, son accompagnement tout au long de ce projet et pour l'avoir rendu si beau.
Merci pour tous nos moments de complicité pendant toute la création du livre, qui resteront de merveilleux souvenirs.
Et bien sûr, spéciale dédicace à Monsieur Izo, son ptit chien (malgré ses bêtises et ses petites odeurs) qui aurait bien aimé donner la patte pour nous aider et qui était tellement mignon.

Un grand merci à Laura, Hélène et Julien, Vanessa et Coralie qui ont gentiment accepté de nous ouvrir leur porte et sans qui ce livre ne serait pas aussi chouette.
Merci bien sûr aussi à leurs petites boules de poils, Berlioz, Lupin, Magnum, Lynn, Olympe et April pour avoir joué les modèles.

Merci à mon ptit roux pour avoir si bien posé et pour nous avoir fait bien rigoler pendant qu'on réalisait les pas à pas de ce livre.

Merci à ma Camille pour son amour communicatif, sa présence sans faille et sa gentillesse à toute épreuve.

Merci à ma famille pour m'avoir soutenue tout le long de ce livre et pour m'avoir dit qu'ils étaient fiers de moi.

Merci à toute l'équipe de Hachette Pratique qui m'a fait à nouveau confiance.

Et bien sûr merci × 1 000 000 à vous, lecteur ou lectrice, pour avoir acheté ce livre et être arrivé jusqu'à cette page. Je ne suis que joie et amour grâce à vous !

Si vous voulez continuer à suivre mes aventures, retrouvez-moi sur mon blog
www.sp4nk.com ou sur mes réseaux sociaux.

Mon instagram : @sp4nkblog
Mon facebook : https ://www.facebook.com/Sp4nk

Et sur mon eshop : www.littleanana.com

N'oubliez de partager vos créations si vous le souhaitez avec le hashtag #sp4nkdiy afin que je puisse voir vos belles réalisations.

Astrid

Collez ici vos réalisations en situation avec vos petits mignons

58, rue Jean-Bleuzen — CS 70007 — 92178 Vanves Cedex

Pour l'éditeur, le principe est d'utiliser des papiers composés de fibres naturelles, renouvelables, recyclables et fabriqués à partir de bois issus de forêts qui adoptent un système d'aménagement durable.

En outre, l'éditeur attend de ses fournisseurs de papier qu'ils s'inscrivent dans une démarche de certification environnementale reconnue.

Direction : Catherine Saunier-Talec
Responsable éditoriale : Céline Le Lamer
Responsable de projet : Lisa Grall
Responsable artistique : Antoine Béon
Création graphique : Nicolas Gallois
Mise en page : Nord compo
Relecture : Charlotte Buch-Müller
Fabrication : Amélie Latsch
Partenariats : Sophie Morier (smorier@hachette-livre.fr)

PAPIER À BASE DE FIBRES CERTIFIÉES

hachette s'engage pour l'environnement en réduisant l'empreinte carbone de ses livres. Celle de cet exemplaire est de :
1 kg éq. CO_2
Rendez-vous sur www.hachette-durable.fr

Dépôt légal : juin 2017
10-1911-5 / 01
ISBN : 978-2-01-396786-0
Imprimé en Espagne par Cayfosa

www.hachette-pratique.com
facebook.com/hachettecuisine